LEER EN ESPAÑOL. PRIMEROS LECTORES

NIVEL 1

La alfombra mágica

SANTILLANA ESPAÑOL

La familia García cambia de casa.
MUDANZAS
¡Cuidado!

¡Eh!
¡Esta alfombra no es nuestra!
¡GUAU! ¡GUAU!
Quique, Guille, ¿queréis esta alfombra?
Vale, para nuestra habitación.
A los gemelos les gusta la alfombra vieja.

Los gemelos están leyendo en su habitación.
Carreras famosas
ZZZZ...ZZZ

¡Mira la alfombra! ¿Qué hace?
Carreras famosas
¡¡Au!!

La alfombra vuela.
¡Guille! ¡Quique! ¿Qué hacéis?

¡Papá, la alfombra vuela!
Sí, sí que vuela.
Papá no cree a los gemelos.

Más tarde…
A cenar, chicos.
Mamá, ven a ver esto.
¡Mamá, la alfombra vuela!
Sí, claro. Ahora lavaos las manos.
Mamá no cree a los gemelos.

Después de la cena…
¡Eh! ¡Mira! Aquí hay algo.
Es una nota.
¿Qué pone?
Soy una alfombra mágica.
¡Tienes tres deseos!

Tengo una idea.
Los gemelos hacen una broma a su hermana.
¡UUUU UUUUH!
¡UUUUU UUUUH!
¡Ahhh! ¡Monstruos!
¡Genial!

Quique tiene una idea.
¡Vamos volando al colegio!
No, eso es aburrido.
¿Por qué no vamos a una carrera de alfombras mágicas?

Una idea genial. ¡Vamos!
Los gemelos van a una carrera de alfombras mágicas.

Los gemelos están en la carrera.

Hay muchos chicos y chicas.
También hay muchas alfombras.
¡¡PUMBA!!
¡¡PUMBA!!
Hola, soy Quique.
Y yo, Guille.
Yo me llamo Pedro.

Los chicos están preparados. La carrera va a empezar.
¡Preparados, listos,
ya!

Pedro hace trampas.
¡Mira! ¿Qué está haciendo Pedro?

El chico cae al río.

Pedro empuja a otros chicos.
Pedro, ¿qué haces?
¡Para, por favor!

Ahora Pedro va el primero y los gemelos, segundos.
¡Ja, ja, ja!
¡¡¡PLAFF!!!

Pedro dirige un espejo a los ojos de los gemelos.
¡Mirad aquí, chicos!
¡Pedro, para, por favor!
¡No podemos ver!

Pedro cae a la nieve.

Los gemelos vuelan muy rápido y ganan la carrera.

Pero Pedro se sube a la alfombra
de Quique y de Guille
y se va volando.

Hay que volver a casa.
¡Adiós! ¡Nos vemos el próximo año!
¡Adiós, chicas!
Quique, ¿dónde está nuestra alfombra?
A Pedro no le gusta la alfombra.
Y a la alfombra no le gusta Pedro.
¡¡PLAF!!
Pedro se cae.

Los gemelos ven su alfombra y se ponen muy contentos. Todavía tienen un deseo más.

La alfombra tiene que irse.
¡Adióóóóóóóóóós, alfombra mágica!
?!
¡Adiós y gracias!

Pictodiccionario

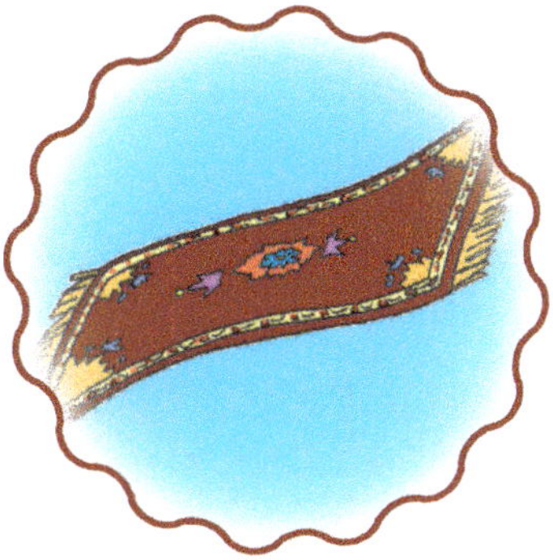

la alfombra

aplaudir

caerse

el campeón

la carrera

la cena

empujar

el espejo

los gemelos

Pictodiccionario

la habitación

lavarse las manos

leer

la medalla de oro

nadar

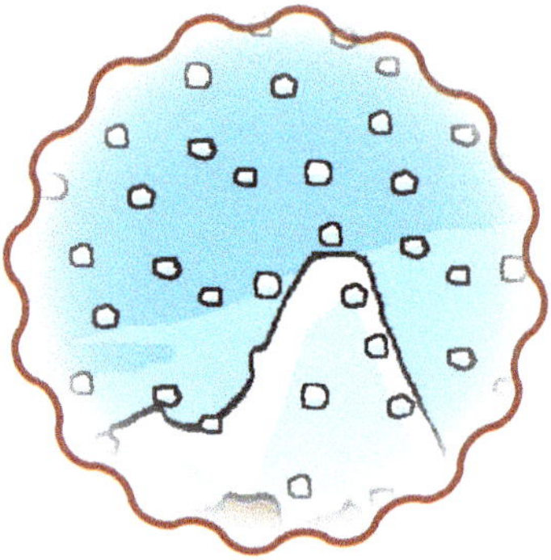

la nieve

la nota

el río

volar

Texto: *Carlos Abio, Brendan Dunne, Robin Newton, Mercedes Villegas*
Dirección y coordinación del proyecto: *Aurora Martín de Santa Olalla*
Edición: *Mercedes Fontecha*

Dirección de arte: *José Crespo*
Proyecto gráfico: *Colin Stobbart*
Ilustración: *Pedro Penizotti*
Jefa de proyecto: *Rosa Marín*
Coordinación de ilustración: *Carlos Aguilera*
Jefe de desarrollo de proyecto: *Javier Tejeda*
Desarrollo gráfico: *Rosa Barriga, José Luis García, Raúl de Andrés*

Dirección técnica: *Ángel García*
Coordinación técnica: *Jesús A. Muela, Marisa Valbuena*
Confección y montaje: *Colin Stobbart, Pedro Valencia*
Corrección: *Nuria del Pozo*
Grabaciones: *Suena Estudio*

Torrelaguna, 60. 28043 Madrid

Dados Internacionais de Catalogação na Publicação (CIP)
(Câmara Brasileira do Livro, SP, Brasil)

La alfombra mágica : nivel 1. / [obra coletiva concebida, desenvolvida e produzida pela Editora Moderna]. — São Paulo : Moderna, 2011.

1. Literatura infantojuvenil em espanhol.

11-13705 CDD-028.5

Índices para catálogo sistemático:
1. Literatura infantil em espanhol 028.5
2. Literatura infantojuvenil em espanhol 028.5

ISBN 978-85-16-07493-7

SANTILLANA ESPAÑOL
SANTILLANA EDUCAÇÃO LTDA.
Rua Padre Adelino, 758, 3º andar – Belenzinho
São Paulo – SP – Brasil – CEP 03303-904
www.santillanaespanol.com.br
2022

Impresso no Brasil

Impressão e acabamento:
Log&Print Gráfica e Logística S.A.
Lote: 754650
Código: 12074937